DE

L'INSCRIPTION D'OFFICE

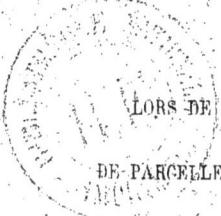

À PRENDRE
LORS DE LA TRANSCRIPTION DES ACTES D'ACQUISITION
PAR LES COMMUNES
DE PARCELLES POUR L'ÉTABLISSEMENT OU LE REDRESSEMENT
DES CHEMINS VICINAUX

PAR

EDG. TRIGANT-GENESTE

Conseiller de Préfecture de l'Indre

(Extrait du *Journal de Droit administratif*. Ancien *Droit Public* de novembre 1882).

VERSAILLES
IMPRIMERIE CERF ET FILS
59, RUE DUPLESSIS 59

1882

DE

L'INSCRIPTION D'OFFICE

A PRENDRE
LORS DE LA TRANSCRIPTION DES ACTES D'ACQUISITION
PAR LES COMMUNES
DE PARCELLES POUR L'ÉTABLISSEMENT OU LE REDRESSEMENT
DES CHEMINS VICINAUX

PAR

Edg. TRIGANT-GENESTE

Conseiller de Préfecture de l'Indre

(Extrait du *Journal de Droit administratif*. Ancien *Droit Public* de novembre 1882)

VERSAILLES
IMPRIMERIE CERF ET FILS
59, RUE DUPLESSIS 59
—
1882

DE

L'INSCRIPTION D'OFFICE

A PRENDRE

LORS DE LA TRANSCRIPTION DES ACTES D'ACQUISITION

PAR LES COMMUNES

DE PARCELLES POUR L'ÉTABLISSEMENT OU LE REDRESSEMENT

DES CHEMINS VICINAUX

Cette question est essentiellement pratique. La solution que nous proposons, et qui a été acceptée par 3 conservateurs d'hypothèques sur 4 consultés, a pour but d'éviter aux communes des frais considérables relativement à l'utilité très contestable de l'inscription. Nous tenions à bien établir en commençant le côté pratique de ces quelques lignes, espérant qu'elles seront lues avec intérêt par tous ceux qui s'occupent de l'administration communale.

Lorsqu'un acte de vente est fait, complet, signé, enregistré, on l'envoie au bureau des hypothèques de l'arrondissement dans lequel se trouve l'immeuble vendu. Le conservateur des hypothèques transcrit cet acte tout au long sur ses registres. C'est la formalité de la *Transcription*. Elle a pour but de rendre publique la mutation qui s'opère dans la propriété.

Si le prix de vente n'est pas payé comptant, ce qui a lieu pour toutes les ventes faites aux communes, le conservateur prend *d'office*, de son initiative propre, une *inscription* garantissant le privilège du vendeur, son action résolutoire en cas d'inexécution des conditions, et par conséquent le paiement du prix de l'immeuble.

Cette inscription, qu'on appelle *Inscription d'office*, grève l'immeuble vendu, au profit du vendeur, d'une somme représentant le prix de la vente, de la même façon que l'inscription hypothécaire, prise en vertu d'un contrat d'obligation sur l'immeuble de l'emprunteur, grève l'immeuble hypothéqué de la somme prêtée, au profit du prêteur. Seulement l'inscription d'office est entourée de plus de garanties.

Lors de la transcription des actes d'achat faits par les communes, les conservateurs, indépendamment du coût de la transcription, perçoivent sur chaque inscription d'office que la loi (art. 2,108 C. civ.) les oblige à prendre un salaire de 1 franc.

Un franc c'est une petite somme, et une inscription d'office ne grèvera pas beaucoup, dira-t-on, le budget d'une commune.

Mais pour l'établissement ou le redressement des chemins vicinaux, il n'est pas rare qu'on soit obligé de prendre, sur un parcours de 5 à 10 kilomètres, des parcelles à 30 propriétaires différents, ce qui fait 30 inscriptions d'office, soit 30 francs à payer par la commune, et cela sans la moindre utilité. Il s'agit en effet de prix de ventes ne dépassant presque jamais 100 francs ; et de plus lorsque des dépenses sont faites à la charge d'une commune, c'est qu'un crédit a été ouvert à cet effet et que les fonds pour y faire face sont disponibles ; puis enfin une commune est toujours solvable de 100 fr. et ses vendeurs n'ont, de toute façon, rien à craindre.

Maintenant que l'on ouvre de tous côtés des chemins, qu'on améliore ceux qui existent, il est fréquent de trouver les budgets des communes et des plus petites. débiteurs de 25 ou 30 inscriptions d'office et même davantage. C'est 25 ou 30 francs payés d'une façon absolument inutile.

Comment faire pour en éviter le paiement ?

Ce n'est pas d'hier que cette question a préoccupé les administrateurs et les conservateurs d'hypothèques. Elle avait été soulevée dès 1835 ainsi que l'indiquent les documents ci-après. Une circulaire du Ministre de l'Intérieur du 16 février 1843 donnait l'ordre de se conformer à une décision du Ministre des Finances qu'elle relatait en ces termes :

« Art. 1er. Conformément à la décision du 24 juillet 1837, il n'est payé par le trésor public aucun salaire aux conservateurs pour les actes relatifs aux expropriations pour cause d'utilité publique, dans tous les cas où les acquisitions sont faites pour le compte de l'Etat et à la charge du budget général, quelle que soit la participation des départements à la dépense.

» Mais lorsque les indemnités de dépossession sont dues exclusivement par les départements, les communes ou des concessionnaires quels qu'ils soient, les conservateurs des hypothèques conservent le droit de percevoir le salaire fixé par le décret du 21 septembre 1810, sauf l'exécution de l'ordonnance royale du 1er mai 1816. »

Une très importante décision du Ministre des Finances, du 14 novembre 1842, « sur l'inscription d'office à prendre au profit du vendeur, lorsque l'acquisition est faite par une commune » dit :

« Une décision du Ministre des Finances du 17 avril 1835 a autorisé les conservateurs d'hypothèques à ne pas prendre l'inscription d'office pour les prix d'immeubles acquis au nom de l'Etat, lorsqu'ils en sont dispensés par une clause expresse du jugement d'expropriation ou du contrat d'acquisition.

» La question s'est élevée de savoir si cette disposition s'étendait aux acquisitions faites par les communes.

» L'on a pensé que l'art. 2108 du code civil prescrivant d'une manière générale et absolue aux conservateurs de prendre inscription d'office contre le vendeur, sous peine de dommages-intérêts envers les tiers, il ne suffisait pas que le vendeur renonçât à l'inscription pour que le conservateur se trouvât à l'abri des réclamations susceptibles d'être élevées par le prêteur ou tout autre créancier. L'on a reconnu que la dispense d'inscription n'avait pu être consentie par le Ministre en faveur des acquisitions faites au nom de l'Etat que par un seul motif, c'est que l'Etat ne pouvant avoir ni bailleur de fonds ni créanciers hypothécaires, l'immeuble ne peut être saisi entre ses mains pour les tiers, et que le privilège du vendeur est suffisamment assuré par la transcription ; tandis qu'il n'en est pas de même à l'égard des communes, puisqu'elles peuvent être expropriées en suivant les formes spéciales tracées par les lois sur la matière.

» Le Ministre a décidé, en conséquence, le 14 novembre dernier, que le consentement du vendeur à ce qu'on ne prenne pas l'inscription d'office ne dispense pas le conservateur de prendre cette inscription, lorsque l'acquisition est faite par une commune. »

Cette question fut dès lors tranchée; mais elle dut néanmoins être soulevée à nouveau, puisqu'elle donna lieu à une lettre en date du 10 juillet 1858 du Directeur général de l'Enregistrement au Directeur de la Haute-Loire, laquelle lettre déclarait les principes ci-dessus posés « applicables au cas d'acquisition par les communes, de terrains nécessaires pour l'ouverture des chemins vicinaux. »

Les décisions que nous venons de relater établissent donc que l'inscription d'office doit être prise contre les communes et les départements, et non contre l'Etat dans le cas d'acquisitions d'immeubles. Il n'est donc pas possible de heurter de front ces prescriptions.

Les actes administratifs, dans le département de l'Indre, sont imprimés comme dans tous les autres départements, ils portaient la clause suivante : « Le vendeur dispense le conservateur de prendre l'inscription d'office à son profit sur l'immeuble vendu. » Néanmoins les conservateurs prenaient toujours l'inscription, se conformant aux instructions, et trouvant, avec raison, cette formule *insuffisante*.

C'est en complétant la formule insérée dans ces actes que nous avons essayé de soustraire les communes de l'Indre à cette dépense inutile ; l'on verra que les résultats obtenus ont été satisfaisants.

Il est bon de rappeler d'abord que les conservateurs des hypothèques ne sont pas des fonctionnaires qu'on puisse entièrement assimiler aux receveurs de l'enregistrement. Ils agissent en effet, vis-à-vis du public, dans la plénitude de leur responsabilité ; et cette responsabilité ne peut dans aucun cas être couverte par l'Etat. Leurs fonctions tiennent beaucoup de celles du notaire, mais ils sont en même temps les agents du fisc. Ils perçoivent des droits pour le fisc, des salaires pour eux. Quand il s'agit des premiers droits, il n'y a pas à transiger avec eux : ils appliquent la loi ; mais quand ils perçoivent des salaires, comme ils agissent sous leur seule responsabilité, l'on peut discuter avec eux. La 4e lettre ci-après relatée établit ces droits du conservateur d'une façon très explicite.

Frappé de ce qu'il y avait de fâcheux à faire payer inutilement à des communes souvent pauvres et presque toujours besogneuses des sommes qui leur seraient si utiles par ailleurs, je me suis mis à la recherche d'une formule qui pût tout concilier — on verra si j'ai réussi — et le le 18 mars 1882, la lettre suivante fut envoyée aux 4 conservateurs intéressés :

« Monsieur le Conservateur,

» A la suite d'injonctions formulées par le conseil de préfecture, relativement aux inscriptions d'office prises sur la transcription des contrats de vente faits aux communes pour l'établissement ou le redressement des chemins vicinaux, je me suis rendu compte de l'insuffisance de la formule mise dans ces contrats pour vous dispenser de prendre au profit du vendeur ces inscriptions d'office.

» Il résulte en effet de la jurisprudence et des circulaires de l'administration de l'enregistrement, qu'en cette matière, la dispense, bonne pour l'Etat, n'est pas bonne pour le département ni les communes.

» Mais les sommes que garantit cette inscription d'office sont le plus souvent insignifiantes, et de plus, les communes sont toujours solvables, puisque toute dépense faite par elle, correspond à un crédit ouvert représentant des fonds en caisse ou dont le recouvrement est assuré.

» Mais si une simple renonciation à l'inscription d'office ne saurait suffire, je crois, avec de nombreux auteurs, notamment Aubry et Rau, tome III, page 390, texte et note, qu'une renonciation expresse par le vendeur au bénéfice du privilège résultant à son profit de l'acte de vente, et à l'action résolutoire, suffit amplement, à défaut de constatation du paiement du prix, à décharger le conservateur de toute responsabilité. La jurisprudence s'est prononcée en ce sens — Dijon, 17 juillet 1839, Sir., 40 — 2 — 71 — Civ. rej., 24 juin 1844, Sir., 44, 1, 598. Cpr. Angers, 2 février 1848, Sir., 48, 2, 237.

» J'ai l'honneur, en conséquence, de vous proposer la formule suivante :

» Le vendeur déclare **expressément** renoncer au bénéfice

du privilège et de l'action résolutoire résultant à son profit de l'acte de vente ci-dessus, et comme conséquence il dispense formellement le conservateur des hypothèques de prendre, sur la transcription du présent acte, l'inscription d'office qui garantirait son privilège. »

« Vous voudrez bien me faire savoir si elle vous paraît suffisante, et si, lorsqu'elle sera insérée dans les actes de vente, vous vous conformerez à la dispense qu'elle contient.

» Dans le cas où elle vous paraîtrait insuffisante, donnez-moi, je vous prie, la formule que vous croiriez bonne.

» Et si aucune formule ne vous paraissait bonne pour vous dispenser de prendre l'inscription d'office dont s'agit, veuillez me le faire connaître, avec les motifs qui vous déterminent à prendre cette décision.

» Agréez, etc., etc. »

A cette lettre, quatre réponses furent faites par les quatre conservateurs consultés. Nous reproduisons ces réponses en entier, en appelant l'attention sur la première, du conservateur de L... et sur la dernière, du conservateur de B..., la première acceptant, l'autre refusant.

Lettre de M. le Conservateur de L...

‹ L..., le 21 mars 1882.

» Monsieur le Préfet,

» Par votre lettre rappelée en marge, vous avez bien voulu me soumettre diverses observations au sujet des inscriptions d'office, prises lors de la transcription des actes d'acquisition par les communes des terrains nécessaires à l'établissement ou au redressement des chemins vicinaux, et me demander mon avis sur la formule à employer, pour dispenser le conservateur de prendre les inscriptions de cette nature, sans engager sa responsabilité au regard des tiers.

» La formalité prescrite par l'art. 2108 du Code civil est une mesure d'ordre public à laquelle on ne saurait déroger par des conventions particulières (articles 1133 et 1172 du même code). Il en résulte que la simple renonciation du vendeur à son privilège ne saurait faire obstacle à l'accomplissement de cette formalité. En effet, si le vendeur peut, sans nuire aux intérêts des créanciers inscrits, ni à ses propres intérêts, faire abnégation de ce privilège, il n'en est pas moins utile aux tiers qui voudraient contracter, de connaître la situation de l'immeuble.

» Or, à défaut d'inscription d'office, le certificat du conservateur leur prouvera qu'il n'est rien dû sur le prix, alors même que le prix ne sera point payé.

» En outre, il serait facile à l'acquéreur de revendre l'immeuble, de le déclarer libre ; et en supposant que le second acquéreur ne puisse être hypothécairement attaqué, il se verrait exposé à l'exercice d'une action résolutoire.

» Mais, lorsque le vendeur renonce tout à la fois à son privilège et à l'action résolutoire, comme tout droit sur l'immeuble est anéanti, et qu'évidemment il n'existe aucun danger pour les tiers, puisque le vendeur ne conserve plus qu'une action personnelle contre l'acquéreur, le conservateur peut, ce semble, sans inconvénients, se dispenser d'inscrire d'office, quel que soit d'ailleurs le degré de solvabilité de l'acquéreur, dont il n'a nullement à se préoccuper. Arrêts cités de Dijon, 17 juillet 1839 et d'Angers 2 février 1848. Instruction générale de l'administration de l'enregistrement, n° 1997. Jugement de Montluçon, 27 janvier 1868, n° 18057. Journal de l'enregistrement, commentaire de la loi du 23 mars 1855, Boulanger, n° 508, etc., etc).

» En conséquence, la formule inscrite dans votre lettre

me paraît, comme à vous, Monsieur le Préfet, suffisante pour sauvegarder la responsabilité du conservateur, en matière d'actes de vente intéressant les communes, comme en matière ordinaire, et pour le dispenser de faire l'inscription d'office. C'est ainsi que j'ai toujours agi en ce qui me concerne.

» Toutefois, je me permettrai d'ajouter qu'il n'en saurait être de même, si le vendeur n'avait pas qualité pour faire la renonciation ;. — un tuteur, par exemple, ne peut engager le mineur sans une autorisation spéciale du conseil de famille homologuée par le tribunal, même depuis la promulgation de la loi du 27 février 1880, pour les actes ayant un caractère immobilier, tels qu'un transfert d'hypothèques, une renonciation à privilège, etc. (voir notamment Aubry et Rau, 1 p., 450).

» En pareil cas, l'inscription d'office devrait être faite à défaut de quittance du prix de la vente.

» Veuillez agréer, etc., etc. »

Dans cette lettre, on le voit, le conservateur accepte pleinement la formule proposée. Il donne excellemment les motifs qui le déterminent à adhérer à la proposition qui lui est faite.

Nous ne ferons que deux observations : Dans le § 4 de sa lettre, le conservateur parle du cas où l'acquéreur (la commune) vendrait l'immeuble en le déclarant libre; nous ferons remarquer, que pour vendre, les communes doivent être autorisées par l'autorité préfectorale, et qu'il ne peut donc y avoir à craindre de supercherie ni de fraude.

Quant au cas prévu par le § 7 de la lettre, le plus simple sera de laisser prendre l'inscription d'office, car le coût des pièces à produire serait cent fois au moins le prix de l'inscription.

Lettre de M. le Conservateur de C...

« Monsieur le Préfet,

» J'ai l'honneur de vous faire connaître que j'adopte complètement votre manière de voir sur la question des inscriptions d'office à prendre en conséquence de la transcription des actes de vente consentis aux communes pour l'établissement ou le redressement des chemins vicinaux.

» Les inscriptions de cette nature n'ayant d'autre objet que de faire connaître le privilège du vendeur assuré par la transcription, il va de soi qu'elles n'ont plus de cause du moment que le vendeur, ayant capacité à cet effet, a déclaré dans l'acte de vente, qu'il renonçait à son privilège.

» Mais il faut qu'aucun doute ne puisse subsister sur la validité d'une telle renonciation. C'est pourquoi je suis d'avis que lorsqu'il s'agira d'un bien de femme mariée, indépendamment de la renonciation, et pour démontrer qu'elle a été valablement consentie, il faudra que l'acte rappelle la date du contrat de mariage, le nom et la résidence du notaire rédacteur et le régime adopté.

» Sauf cette réserve, la formule par vous proposée me paraît tout à fait propre à justifier la dispense de l'inscription d'office.

» Veuillez agréer, etc., etc.

» *P. S.* Remarquez que s'il s'agit d'un bien de mineur, le tuteur qui aura consenti la vente, n'aurait point capacité pour souscrire la renonciation. Il devrait s'y faire autoriser en justice. »

Pour les mêmes raisons que son collègue de L... M. le **Conservateur des hypothèques de C...** accepte la formule

proposée, augmentée d'un complément qu'il indique en cas de biens appartenant à une femme mariée.

Lettre de M. le Conservateur de I.

« Monsieur le Préfet ;

» Je partage complètement votre manière de voir au sujet des inscriptions d'office à prendre sur la transcription des ventes faites aux communes.

» Dès que l'acte porte renonciation au privilège du vendeur et à l'action résolutoire, avec dispense formelle pour le conservateur de prendre l'inscription d'office, je ne prends jamais cette inscription, même dans les ventes entre particuliers, à plus forte raison y a-t-il lieu, je crois, de ne pas la prendre dans les acquisitions faites par les communes.

» J'ai donc l'honneur de vous informer qu'il ne sera pris dans mon bureau aucune inscription d'office sur les actes administratifs portant la formule que vous me proposez dans votre lettre rappelée ci-contre.

» Recevez, etc., etc. »

Voilà donc deux conservateurs acceptant la formule proposée avec certaines restrictions, et un l'acceptant purement et simplement.

Nous allons maintenant voir la lettre de celui qui ne l'accepte en aucune façon :

Lettre de M. le Conservateur de B.

« Monsieur le Préfet,

» L'article 2108 du code civil prescrit de la manière la plus générale, aux conservateurs des hypothèques, de

prendre d'office une inscription au profit des vendeurs, toutes les fois que l'acte de vente ne porte pas quittancé du prix intégral.

» Néanmoins il leur a été enjoint de ne pas prendre cette inscription pour le prix des immeubles acquis pour le compte de l'Etat, lorsqu'ils en sont dispensés par une clause expresse du jugement d'expropriation ou du contrat d'acquisition. (Déc. ministre des finances du 17 avril 1835, inst. n° 1,516, § 1.)

» Une décision ministérielle du 4 janvier 1854 (inst. n° 1997) a étendu cette faveur au prix des immeubles acquis par les départements, etc., etc.

» Dans l'un et l'autre cas, le ministre a pris l'engagement formel de substituer à la responsabilité des conservateurs la sienne propre ou celle des conseils généraux pour lesquels il s'est porté fort.

» Le soin qu'a pris l'administration de faire préciser d'une manière si rigoureuse la limite des exceptions qui peuvent être admises en une matière aussi grave, vous convaincra comme moi, qu'elle a entendu se réserver exclusivement le droit de provoquer toute autre décision analogue dont le besoin pourrait se faire sentir.

» Au surplus quelle que puisse être mon opinion personnelle sur la valeur de la formule dont vous me faites l'honneur de mettre les termes sous mes yeux, concernant les acquisitions à faire par les communes pour la confection ou le redressement des chemins vicinaux, ma manière de voir ne saurait en aucune façon engager d'autre que moi. Mon successeur pourrait apporter une appréciation toute différente.

» Après un nouvel examen, vous penserez comme moi que la solution doit être cherchée par une autre voie ; la seule à suivre, à mon humble avis, serait le recours à M. le Ministre des finances, qui seul peut fixer une règle

certaine et durable, après avoir provoqué les explications
nécessaires de qui de droit.

» Veuillez agréer, etc., etc. »

M. le conservateur de B... s'en tient à la loi et aux circulaires. C'est son droit, et du moment qu'il ne croit pas sa
responsabilité suffisamment dégagée, il a raison de s'en
tenir aux textes.

Mais on remarquera qu'il ne discute pas la valeur de la
formule qui lui est soumise, il ne la trouve ni bonne ni
mauvaise, car, pour lui, la solution est ailleurs. Certaine-
ment il vaudrait mieux pour tout le monde qu'une décision du ministre des finances tranchât la question, comme
cela a été fait pour l'Etat et les départements ; mais les
tentatives faites jusqu'à ce jour ne sont pas encoura-
geantes ; et il est probable que, si l'on en faisait de nou-
velles, elles auraient le même résultat que les anciennes
et ce pour les motifs qui sont énoncés dans la décision du
Ministre des finances du 14 novembre 1842 que nous avons
citée plus haut, ces motifs sont en effet très concluants.

Nous avons donc le regret de ne pas partager sur ce
point la manière de voir de M. le conservateur de B... et
tout en tenant son opinion pour très respectable, nous
n'en continuerons pas moins à recommander notre formule
pour éviter des frais inutiles aux communes.

CONCLUSION

De tout ce qui précède il nous semble ressortir ceci :
Avec la formule suivante :

« Le vendeur déclare expressément renoncer au bénéfice
du privilège et de l'action résolutoire résultant à son profit
de l'acte de vente ci-dessus, et comme conséquence, il dispense formellement le conservateur des hypothèques de

prendre, sur la transcription du présent acte, l'inscription d'office qui garantirait son privilège.

(A ajouter, en cas de vente par une femme mariée) Aux termes de leur contrat de mariage passé le

devant Me   notaire, à

M. et Mme   sont mariés sous le régime

de   » ;

insérée dans les actes de vente administratifs, on évitera souvent aux communes les inscriptions d'office à prendre sur la transcription de ces actes, et les frais, absolument inutiles qui en résultent.

Nous ne saurions donc trop engager tous ceux qui s'occupent d'administration communale à se mettre en rapport avec les conservateurs des hypothèques de leur circonscription et à obtenir d'eux ce que nous avons obtenu dans l'Indre.

Si nous avons borné cette étude « aux acquisitions pour l'établissement et le redressement des chemins vicinaux », c'est qu'en cette matière, comme il s'agira toujours de faibles sommes, dépassant rarement 100 francs et très rarement 500 francs il ne saurait y avoir, pour les vendeurs, créanciers des communes, aucun inconvénient. On serait obligé à plus de circonspection s'il s'agissait de sommes importantes. Mais il est évident que la formule trouvera son application toutes les fois qu'il s'agira d'acquisitions de peu d'importance, que ce soit pour les chemins vicinaux ou pour tout autre service.

VERSAILLES, IMPRIMERIE CERF ET FILS, 59, RUE DUPLESSIS.

www.ingramcontent.com/pod-product-compliance
Lightning Source LLC
Chambersburg PA
CBHW050359210326
41520CB00020B/6386